школа - სკოლა	2
путовање - მოგზაურობა	5
транспорт - ტრანსპორტი	8
град - ქალაქი	10
пејсаж - ლანდშაფტი	14
ресторан - რესტორანი	17
супермаркет - სუპერმარკეტი	20
напитци - დასალევი	22
јело - საჭმელი	23
сеоско газдинство - ფერმა	27
кућа - სახლი	31
дневна соба - მისაღები ოთახი	33
кухиња - სამზარეულო	35
купаоница - აბაზანა	38
дечија соба - საბავშვო ოთახი	42
одећа - ტანსაცმელი	44
канцеларија - ოფისი	49
економија - ეკონომიკა	51
занимања - პროფესიები	53
алати - იარაღები	56
музички инструмент - მუსიკალური ინსტრუმენტები	57
зоолошки врт - ზოოპარკი	59
спорт - სპორტი	62
активности - მოქმედებები	63
породица - ოჯახი	67
тело - სხეული	68
болница - საავადმყოფო	72
хитни случај - გადაუდებელი შემთხვევა	76
земља - დედამიწა	77
сат - საათი	79
седмица - კვირა	80
година - წელი	81
облици - ფორმები	83
боје - ფერები	84
супротности - საპირისპიროები	85
бројеви - რიცხვები	88
језици - ენები	90
ко / шта / како - ვინ / რა / როგორ	91
где - სად	92

Impressum
Verlag: BABADADA GmbH, Nedderfeld 112 , 22529 Hamburg
Geschäftsführer / Verlagsleitung: Harald Hof
Druck: Books on Demand GmbH, In de Tarpen 42, 22848 Norderstedt

Imprint
Publisher: BABADADA GmbH, Nedderfeld 112 , 22529 Hamburg, Germany
Managing Director / Publishing direction: Harald Hof
Print: Books on Demand GmbH, In de Tarpen 42, 22848 Norderstedt, Germany

1

школа
სკოლა

учиона
делити
გაყოფა
186/2
плоча
დაფა
школско двориште
სკოლის ეზო
наставник
მასწავლებელი
папир
ქაღალდი
писати
წერა
хемијска оловка
კალამი
писаћи стол
მაგიდა
лењир
სახაზავი
књига
წიგნი
ученик
მოსწავლე

торба
ზურგჩანთა

перница
პენალი

графитна оловка
ფანქარი

шиљило за оловке
ფანქრების სათლელი

гумица за брисање
საშლელი

блок за цртање
ნახატების ალბომი

2 школа - სკოლა

цртеж

ნახატი

кист

ფუნჯი

кутија са бојама

საღებავის ყუთი

маказе

მაკრატელი

лепило

წებო

бележница

სავარჯიშო რვეული

домаћи задатак

საშინაო დავალება

број

ნომერი

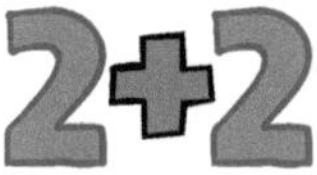

сабирати

დამატება

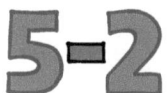

одузимати

გამოკლება

множити

გამრავლება

рачунати

გამოთვლა

слово

წერილი

абецеда

ანბანი

реч

სიტყვა

текст

ტექსტი

читати

წაკითხვა

креда

ცარცი

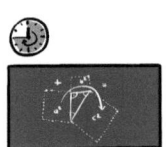

час

გაკვეთილი

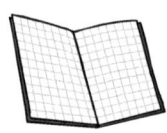

дневник

რეგისტრაცია

испит

გამოცდა

сведочанство

სერტიფიკატი

школска униформа

სკოლის ფორმა

образовање

განათლება

лексикон

ენციკლოპედია

универзитет

უნივერსიტეტი

микроскоп

მიკროსკოპი

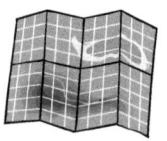

карта

რუქა

кошара за папир

კალათა ნარჩენი ქაღალდებისათვის

хотел
სასტუმრო
преноћиште
ჰოსტელი
ROOMS
менјачница
ვალუტის გადაცვლის პუნქტი
CHANGE
кофер
ჩემოდანი
ауто
მანქანა

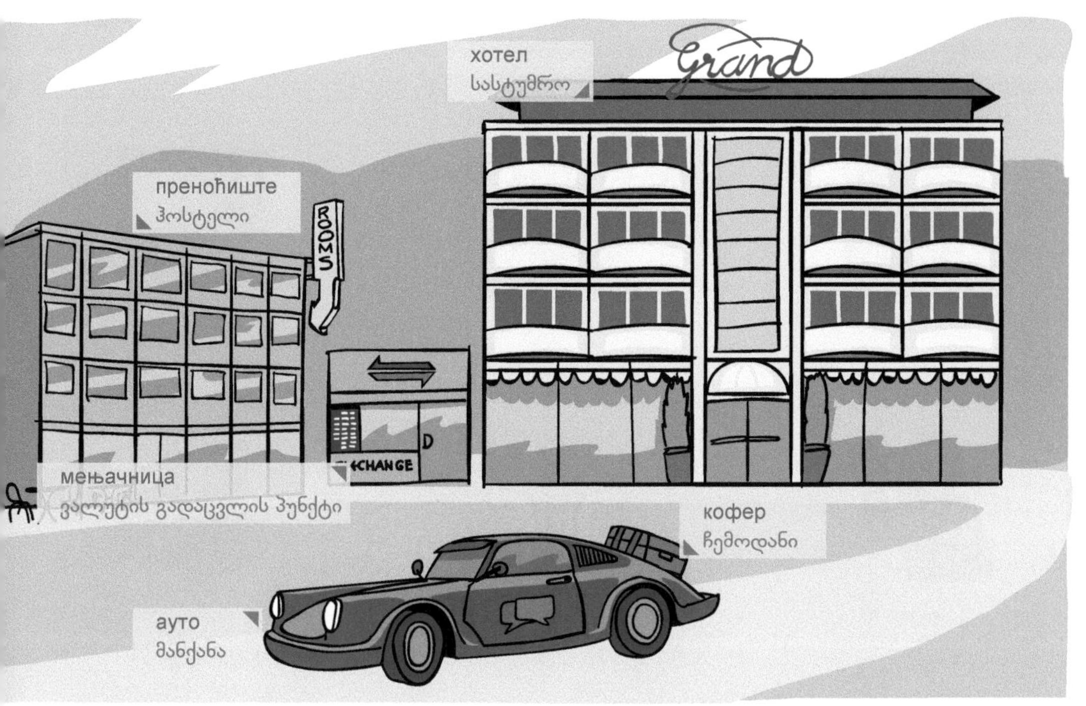

језик

ენა

да / не

კი / არა

океј

კარგი

здраво

გამარჯობა

преводилац

მთარგმნელი

хвала

გმადლობთ

Колико кошта...?

რა ღირს... ?

не разумем

ვერ გავიგე

проблем

პრობლემა

добро вече!

აღამო მშვიდობისა!

Добро јутро!

დილა მშვიდობისა!

Лаку ноћ!

ღამე მშვიდობისა!

довиђења

ნახვამდის

смер

მიმართულება

пртљага

ბარგი

торба

ჩანთა

руксак

ზურგჩანთა

гост

სტუმარი

соба

ოთახი

врећа за спавање

საძილე ტომარა

шатор

კარავი

туристичке информације

ტურისტული ინფორმაცია

плажа

სანაპირო

кредитна картица

საკრედიტო ბარათი

доручак

საუზმე

ручак

ლანჩი

вечера

ვახშამი

карта за вожњу

ბილეთი

лифт

ლიფტი

поштанска маркица

საფოსტო მარკა

граница

საზღვარი

царина

საბაჟო

амбасада

საელჩო

виза

ვიზა

пасош

პასპორტი

путовање - მოგზაურობა

транспорт
ტრანსპორტი

авион
თვითმფრინავი
брод
გემი
ватрогасно возило
სახანძრო მანქანა
аутобус
ავტობუსი
теретно возило
სატვირთო მანქანა
моторни чамац
მოტორიზებული ნავი
бицикл
ველოსიპედი
ауто
მანქანა

трајект

ბორანი

чамац

ნავი

мотоцикл

მოტოციკლი

полицијски ауто

პოლიციის მანქანა

тркаћи ауто

სარბოლო მანქანა

изнајмљено ауто

დაქირავებული მანქანა

делење аутомобила

მანქანის ერთობლივი მოხმარება

вучно возило

საბუქსირე მანქანა

возило за одвоз смећа

ნაგვის მანქანა

мотор

ძრავა

бензин

საწვავი

бензинска станица

ბენზინგასამართი სადგური

саобраћајни знак

საგზაო ნიშანი

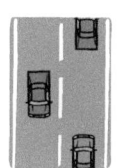

саобраћај

მოძრაობა

застој

საცობი

паркиралиште

მანქანის სადგომი

железничка станица

მატარებლის სადგური

шине

ლიანდაგები

воз

მატარებელი

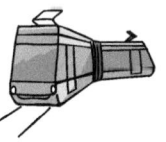

трамвај

ტრამვაი

вагон

ვაგონი

хеликоптер

ვერტმფრენი

аеродром

აეროპორტი

кула

კოშკი

путник

მგზავრი

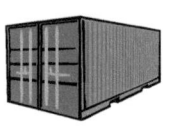

контејнер

კონტეინერი

картон

მუყაოს ყუთი

колица

ურიკა

корпа

კალათა

узлетети / слетети

აფრენა / დაშვება

град

ქალაქი

село

სოფელი

центар града

ქალაქის ცენტრი

кућа

სახლი

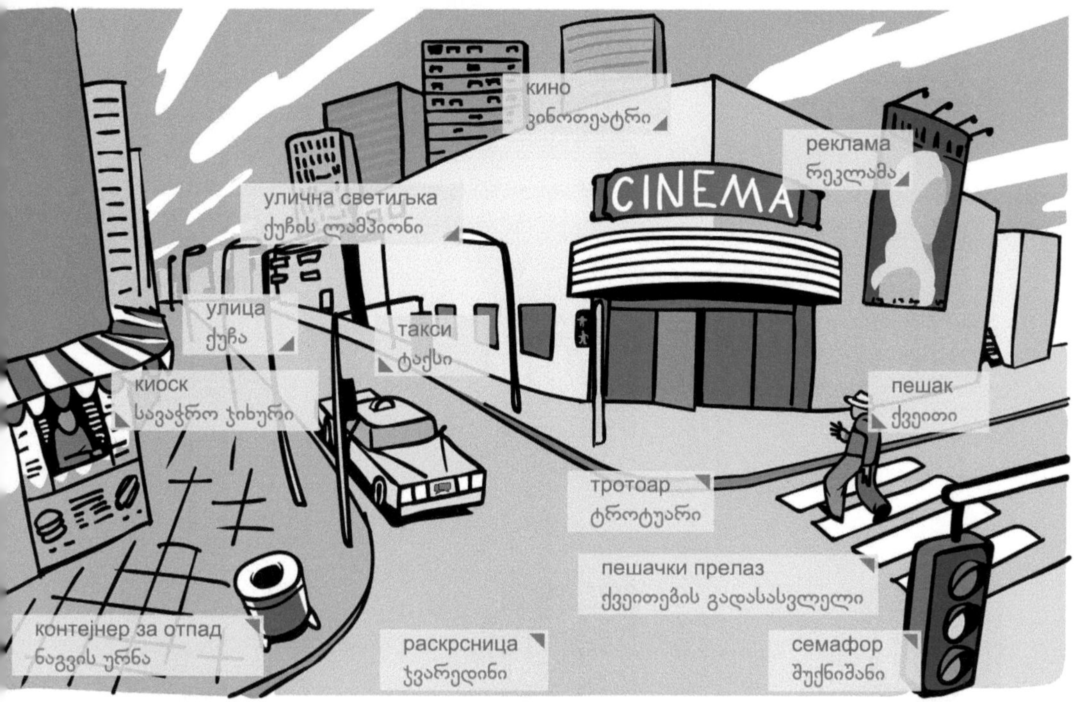
кино
კინოთეატრი
CINEMA
реклама
რეკლამა
улична светиљка
ქუჩის ლამპიონი
улица
ქუჩა
такси
ტაქსი
киоск
სავაჭრო ჯიხური
пешак
ქვეითი
тротоар
ტროტუარი
пешачки прелаз
ქვეითების გადასასვლელი
контејнер за отпад
ნაგვის ურნა
раскрсница
ჯვარედინი
семафор
შუქნიშანი

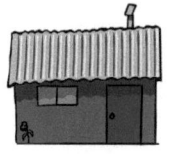

колиба

ქოხი

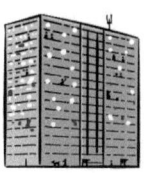

стан

ბინა

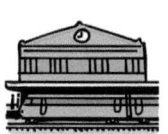

железничка станица

მატარებლის სადგური

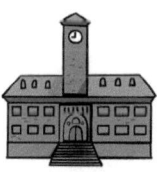

већница

მუნიციპალიტეტი

MUSEUM

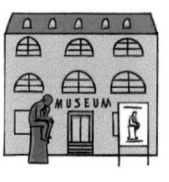

музеј

მუზეუმი

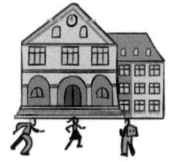

школа

სკოლა

универзитет

უნივერსიტეტი

банка

ბანკი

болница

საავადმყოფო

хотел

სასტუმრო

апотека

აფთიაქი

канцеларија

ოფისი

књижара

წიგნების მაღაზია

продавница

მაღაზია

цвећара

ფლორისტი

супермаркет

სუპერმარკეტი

трг

ბაზარი

робна кућа

მაღაზიის განყოფილება

рибарница

თევზის გამყიდველი

трговачки центар

სავაჭრო ცენტრი

лука

ნავსადგომი

парк

პარკი

клупа

გრძელი სკამი

мост

ხიდი

степенице

კიბეები

подземна железница

მიწისქვეშა გადასასვლელი

тунел

გვირაბი

аутобуска станица

ავტობუსის გაჩერება

бар

ბარი

ресторан

რესტორანი

поштанско сандуче

საფოსტო ყუთი

улични знак

ქუჩის ნიშანი

паркирни аутомат

პარკინგის საზომი

зоолошки врт

ზოოპარკი

базен

საცურაო აუზი

џамија

მეჩეთი

сеоско газдинство

ფერმა

загађење околине

გარემოს დაბინძურება

гробље

სასაფლაო

црква

ეკლესია

игралиште

საბავშვო მოედანი

храм

ტაძარი

пејсаж

ლანდშაფტი

лист
ფოთოლ
ი
путоказ
გზის მანიშნებელი ნიშანი
пут
გზა
ливада
მდელო
камен
ქვა
шетач
მოგზაური
дрво
ხე
река
მდინარე
трава
ბალახი
цвет
ყვავილი

долина

ხეობა

планина

გორაკი

језеро

ტბა

шума

ტყე

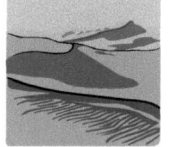

пустиња

უდაბნო

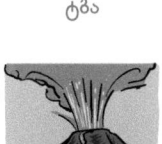

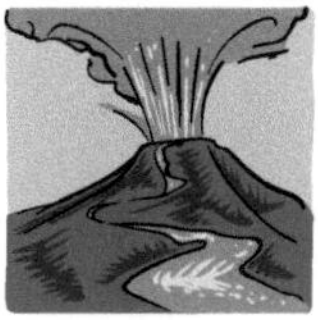

вулкан

ვულკანი

дворац

ციხე

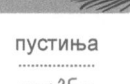

дуга

ცისარტყელა

гљива

სოკო

палма

პალმა

москито

კოღო

мува

ბუზი

мрав

ჭიანჭველა

пчела

ფუტკარი

паук

ობობა

буба

ხოჭო

жаба

ბაყაყი

веверица

ციყვი

јеж

ზღარბი

зец

კურდღელი

сова

ბუ

птица

ფრინველი

лабуд

გედი

дивља свиња

ტახი

јелен

ირემი

лос

ცხენ-ირემი

насип

კაშხალი

ветрењача

ქარის ტურბინა

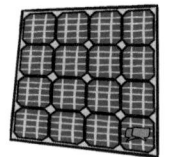

соларна плоча

მზის ბატარეა

клима

კლიმატი

ресторан
რესტორანი

конобар
მიმტანი
јеловник
მენიუ
столица
სკამი
супа
სუპი
пица
პიცა
прибор за јело
დანა-ჩანგალი
მაგიდაზე გადასაფარებელი

предјело

საუზმე

главно јело

მთავარი კერძი

десерт

დესერტი

напитци

დასალევი

јело

საჭმელი

флаша

ბოთლი

брза храна

სწრაფი კვება

имбис храна

ქუჩის საჭმელი

чајник

ჩაიდანი

доза за шећер

საშაქრე

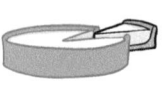

порција

პორცია

апарат за еспресо

ესპრესოს მანქანა

висока столица

მაღალი სკამი

рачун

ანგარიში

послужавник

ლანგარი

нож

დანა

виљушка

ჩანგალი

кашика

კოვზი

чајна кашика

ჩაის კოვზი

салвета

ხელსახოცი

чаша

ჭიქა

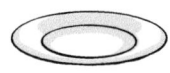

тањир

თეფში

тањир за супу

სუპის თეფში

тањирић

ჩაის ლამბაქი

сос

საწებელი

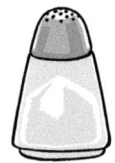

сољенка

სამარილე

млин за бибер

წიწაკის საფქვავი

сирће

ძმარი

уље

ზეთი

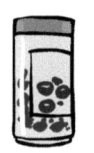

зачини

სანელებლები

кечап

კეტჩუპი

сенф

მდოგვი

мајонеза

მაიონეზი

супермаркет
სუპერმარკეტი

понуда
სპეციალური შეთავაზება
купац
მომხმარებელი
млечни производи
რძის ნაწარმი
ხილი
колица за куповину
ურიკა

месница

საყასბო

пекара

საცხობი

вагати

აწონვა

поврће

ბოსტნეული

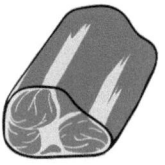

месо

ხორცი

смрзнута храна

გაყინული საკვები

нарезак

გრილი ხორცი

конзерве

კონსერვები

средство за прање

სარეცხი ფხვნილი

слаткиши

ტკბილეული

артикли за домаћинство

საყოფაცხოვრებო პროდუქტები

средства за чишћење

სარეცხი საშუალებები

продавачица

გამყიდველი

благајна

სალარო

благајник

მოლარე

листа за куповину

საყიდლების სია

време рада

მუშაობის საათები

новчаник

პორტმანი

кредитна картица

საკრედიტო ბარათი

торба

ჩანთა

пластична кеса

პლასტიკური პარკი

напитци

დასალევი

вода

წყალი

сок

წვენი

млеко

რძე

кола

კოკა-კოლა

вино

ღვინო

пиво

ლუდი

алкохол

ალკოჰოლი

какао

კაკაო

чај

ჩაი

кава

ყავა

еспресо

ესპრესო

капућино

კაპუჩინო

јело
საჭმელი

банана
....
ბანანი

јабука
....
ვაშლი

наранџа
....
ფორთოხალი

лубеница
....
საზამთრო

лимун
....
ლიმონი

шаргарепа
....
სტაფილო

бели лук
....
ნიორი

бамбус
....
ბამბუკი

лук
....
ხახვი

гљива
....
სოკო

орашасти плодови
....
კაკალი

резанци
....
ატრია

шпагете

სპაგეტი

рижа

ბრინჯი

салата

სალათი

помфрит

ჩიპსები

печени кромпир

შემწვარი კარტოფილი

пица

პიცა

хамбургер

ჰამბურგერი

сендвич

სენდვიჩი

шницла

კოტლეტი

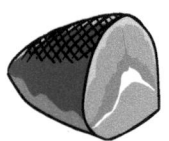

шунка

ლორი

салама

სალიამი

кобасица

ძეხვი

кокош

წიწილა

печење

შემწვარი ხორცი

риба

თევზი

зобене пахуљице

შვრიის ფაფა

мусли

მუსლი

кукурузне пахуљице

სიმინდის ფანტელები

брашно

ფქვილი

кроасан

კრუასანი

пециво

ბულკი

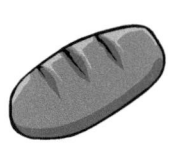

хлеб

პური

тоаст

ტოსტი

кекси

ნამცხვრები

маслац

კარაქი

свежи сир

ხაჭო

колач

ტორტი

јаје

კვერცხი

јаје на око

ერბო-კვერცხი

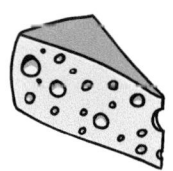

сир

ყველი

сладолед

ნაყინი

шећер

შაქარი

мед

თაფლი

мармелада

ჯემი

нугат крема

შოკოლადის კრემი

кари

კარი

сеоска кућа
სოფლის სახლი

бале сена
ჩალის შეკვრა

амбар
თავლა

поље
ყანა

коњ
ცხენი

приколица
მისაბმელი

ждребе
კვიცი

трактор
ტრაქტორი

магарац
ვირი

лане
ცხვარი

овца
ცხვარი

коза

თხა

крава

ძროხა

теле

ხბო

свиња

ღორი

прасе

გოჭი

бик

ხარი

гуска
ბატი

патка
იხვი

пилићи
წიწილა

кокош
ქათამი

петао
მამალი

пацов
ვირთხა

мачка
კატა

миш
თაგვი

вол
ხარი

пас
ძაღლი

кућица за пса
საძაღლე

вртно црево
ბაღის შლანგი

канта за поливање
საბაღე წურწურა

коса
ცელი

плуг
გუთანი

срп

ნამგალი

мотика

თოხი

виљушка за ђубриво

პატივის სახვეტი ჩანგალი

секира

ცული

тачке

მაზიდი

корито

გობი

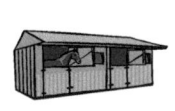

посуда за млеко

რძის ბიდონი

врећа

ტომარა

ограда

ღობე

штала

ბოსელი

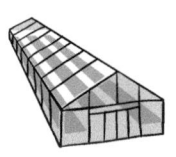

стакленик

სათბური

земља

ნიადაგი

семе

თესლი

ђубриво

სასუქი

комбајн

მოსავლის ამღები კომბაინი

жети

მოსავლის აღება

жетва

მოსავალი

јамс зачин

იამი

пшеница

ხორბალი

соја

სოიო

крумпир

კარტოფილი

кукуруз

სიმინდი

уљана репица

სარეველას თესლი

воћка

ხეხილი

гомољ маниоке

მანიოკი

житарице

მარცვლეული

кућа
სახლი

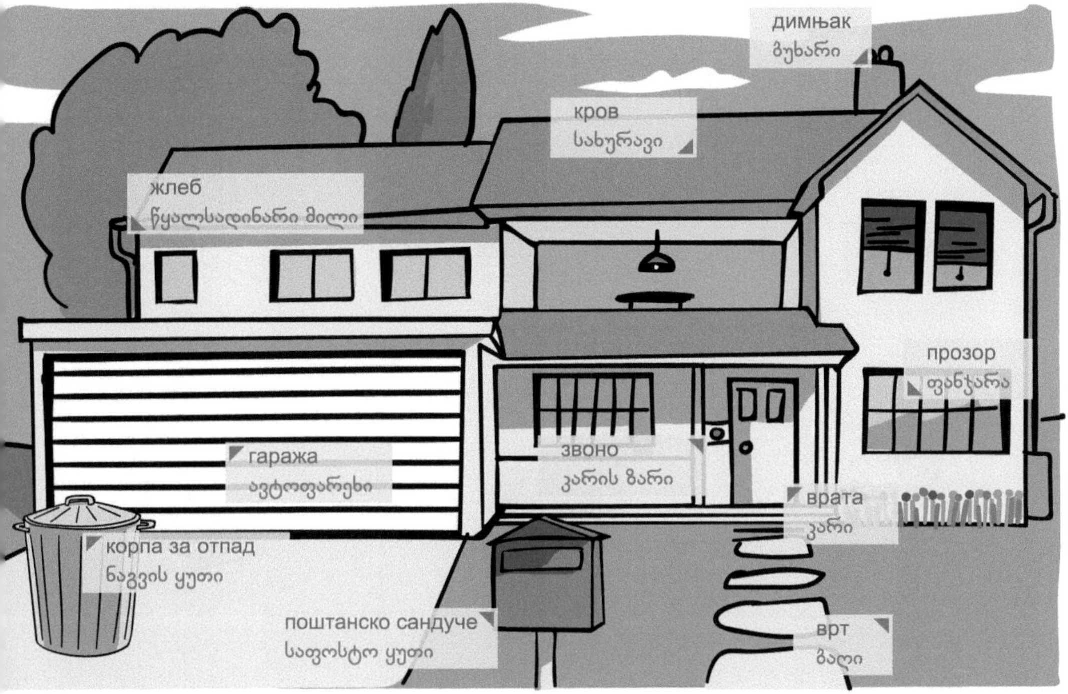

димњак
ბუხარი
кров
სახურავი
жлеб
წყალსადინარი მილი
прозор
ფანჯარა
гаража
ავტოფარეხი
звоно
კარის ზარი
врата
კარი
корпа за отпад
ნაგვის ყუთი
поштанско сандуче
საფოსტო ყუთი
врт
ბაღი

дневна соба

მისაღები ოთახი

купаоница

აბაზანა

кухиња

სამზარეულო

спаваћа соба

საძინებელი

дечија соба

საბავშვო ოთახი

трпезарија

სასადილო ოთახი

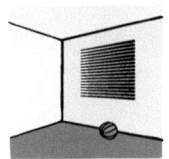

под

სართული

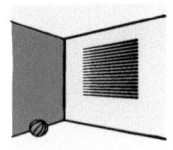

зид

კედელი

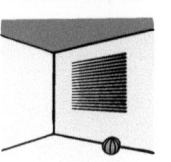

строп

ჭერი

подрум

სარდაფი

сауна

საუნა

балкон

აივანი

тераса

ტერასა

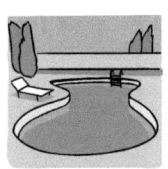

базен

აუზი

косилица за траву

გაზონის საკრეჭი

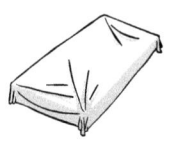

постељина за кревет

საბნის კონვერტი

дека за кревет

საწოლი

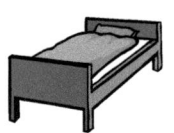

кревет

ლოგინი

метла

ცოცხი

канта

სათლი

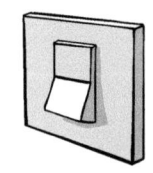

прекидач

გადამრთველი

дневна соба
მისაღები ოთახი

тапета
შპალერი
слика
ნახატი
светиљка
ნათურა
регал
თარო
ормар
კარადა
телевизија
ტელევიზორი
камин
ბუხარი
цвет
ყვავილი
јастук
ბალიში
кауч
დივანი
ваза
ვაზა
даљински управљач
დისტანციური მართვა

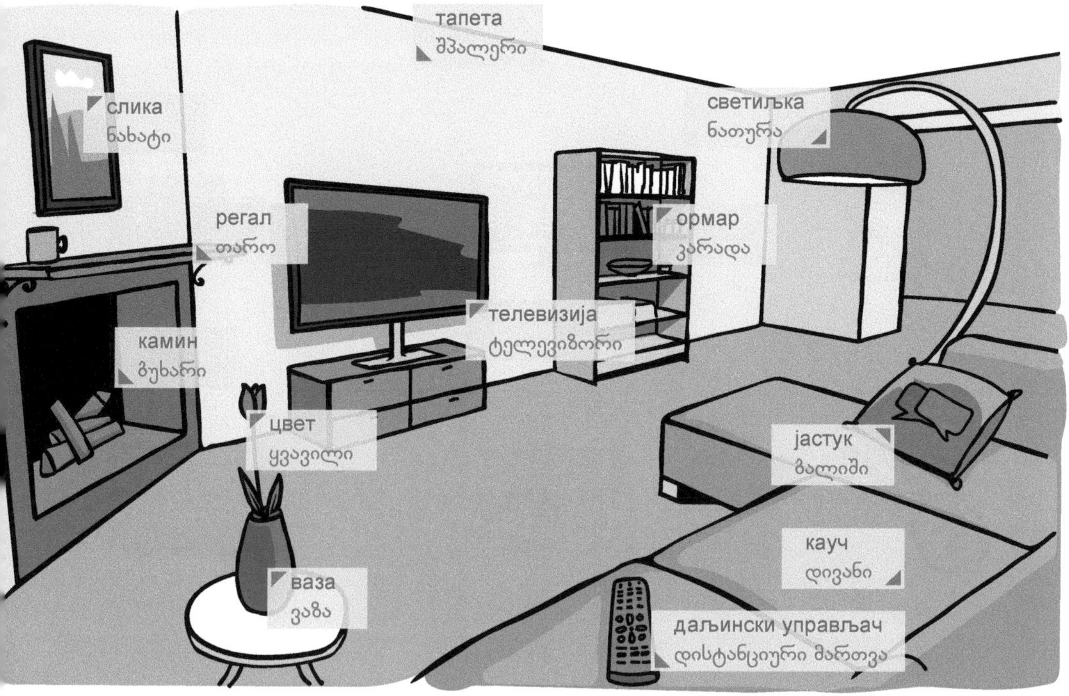

тепих

ხალიჩა

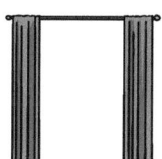

завеса

ფარდა

сто

მაგიდა

столица

სკამი

столица за њихање

სარწეველა სკამი

фотеља

სავარძელი

књига

წიგნი

дека

საბანი

декорација

დეკორაცია

дрво за огрев

შეშა

филм

ფილმი

хи-фи уређај

hi-fi მოწყობილობები

кључ

გასაღები

новине

გაზეთი

слика на платну

ფერწერა

постер

პლაკატი

радио

რადიო

блок за писање

ბლოკნოტი

усисивач

მტვერსასრუტი

кактус

კაქტუსი

свећа

სანთელი

кухиња
სამზარეულო

фрижидер
მაცივარი
микроталасна рерна
მიკრო-ტალღური ღუმელი
кухињска вага
სამზარეულოს სასწორი
ტოსტერი
средство за чишћење
სარეცხი საშუალება
рерна
ღუმელი
претинац за замрзавање
საყინულე
корпа за отпад
ნაგვის ყუთი
машина за прање суђа
ჭურჭლის სარეცხი მანქანა

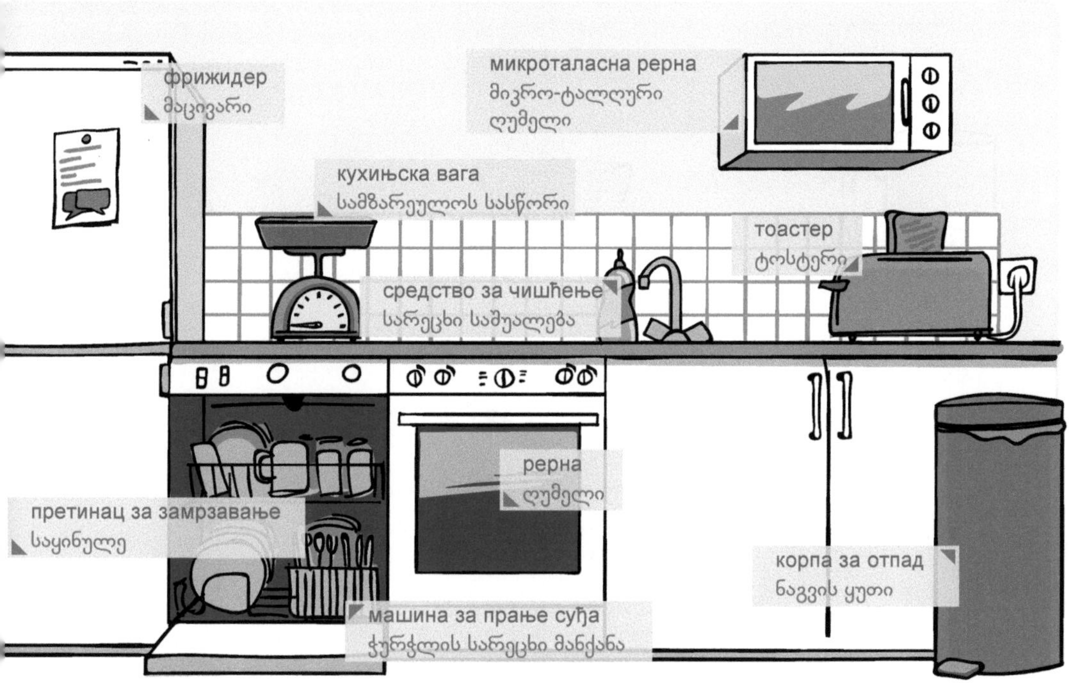

шпорет

გაზქურა

лонац

ქოთანი

гвоздени лонац

თუჯის ქვაბი

вок / кадаи

ტაფა ამოზერილი ფსკერით

тава

ტაფა

кувало за воду

ჩაიდანი

кухиња - სამზარეულო 35

кувало на пару

ორთქლსახარში

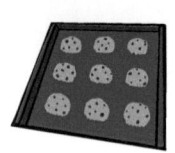

лим за печење

საცხობი ლანგარი

посуђе

ჭურჭელი

чаша

კათხა

посуда

თასი

штапићи за јело

ჩინური ჩხირები

кутлача

ჩამჩა

лопатица

ფითხი

пењача

სათქვეფელა

сито за кување

საწური

сито

საცერი

рибеж

სახეხი

мужар

სანაყი

роштиљ

გრილი

огњиште

კოცონი

даска

დაფა

оклагија

საგორავი

вадичеп

ბურღი

конзерва

ქილა

отварач конзерви

ქილის გასახსნელი

крпа за лонац

ქოთნის დამჭერი

судопер

ნიჟარა

четка

ფუნჯი

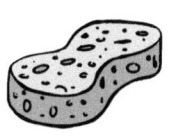

сунђер

ღრუბელი

миксер

ბლენდერი

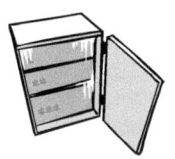

замрзивач

საყინულე კამერა

флашица за бебе

საბავშვო ბოთლი

славина за воду

ონკანი

купаоница

აბაზანა

туш
შხაპი
грејање
გათბობა
пешкир
პირსახოცი
завеса за туш
საშხაპე ფარდა
пенушава купка
ღრუბლიანი აბანო
када
ვანა
чаша
ჭიქა
машина за прање веша
სარეცხი მანქანა
славина за воду
плочице
ფილები
тута
ღამის ქოთანი
судопер
ნიჟარა

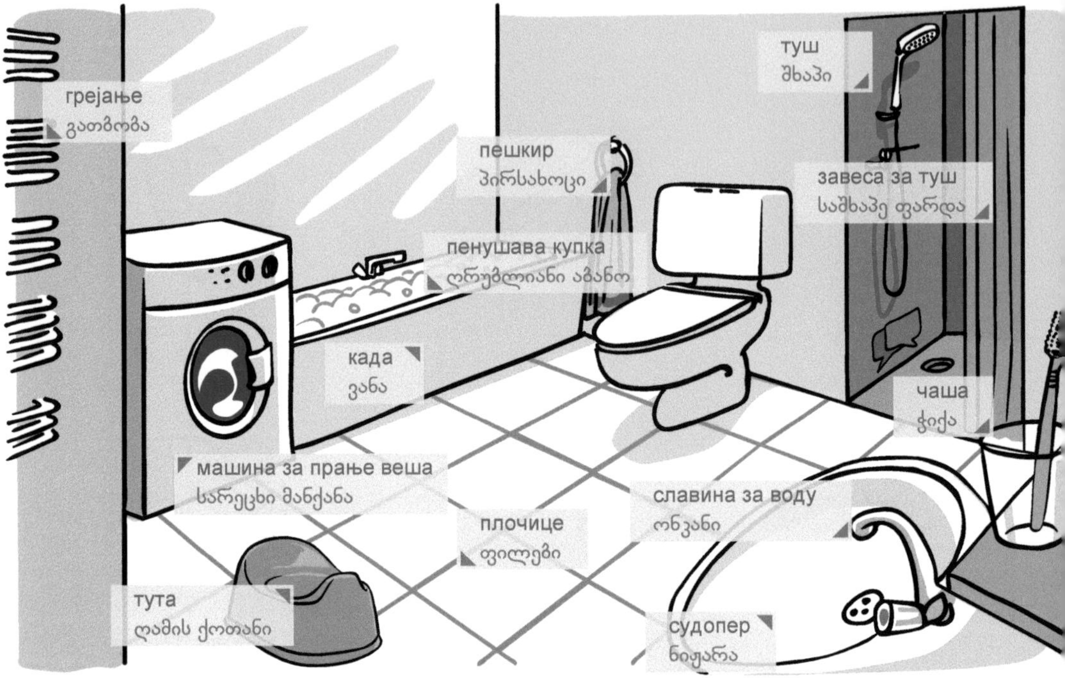

тоалет

ტუალეტი

чучавац

იატაკის ტუალეტი

бидет

ბიდე

писоар

კედლის პისუარი

тоалетни папир

ტუალეტის ქაღალდი

четка за тоалет

ტუალეტის ჯაგრისი

четкица за зубе

კბილის ჯაგრისი

паста за зубе

კბილის პასტა

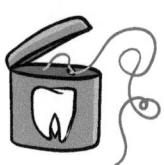

конац за зубе

კბილის ძაფი

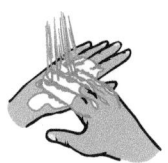

прати

რეცხვა

туш ручица

ხელის შხაპი

туш за прање интимних делова

ინტიმური შხაპი

лавор

ტაშტი

четка за прање леђа

ზურგის სახეხი ფუნჯი

сапун

საპონი

гел за туширање

შხაპის გელი

шампон

შამპუნი

крпа за прање

ნეჭა

одвод

სანიაღვრე

крема

კრემი

дезодоранс

დეოდორანტი

огледало

სარკე

козметичко огледало

ხელის სარკე

бријач

ბრიტვა

пена за бријање

საპარსი ქაფი

лосион за после бријања

საშუალება გაპარსვის შემდეგ

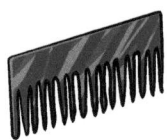

чешаљ

სავარცხელი

четка

ჯაგრისი

фен за косу

თმის საშრობი

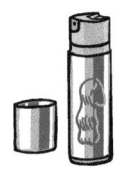

спреј за косу

თმის ლაქი

шминка

კოსმეტიკა

руж за усне

ტუჩების პომადა

лак за нокте

ფრჩხილის ლაქი

вата

ბამბა

маказе за нокте

ფრჩხილის მაკრატელი

парфем

სუნამო

козметичка торбица

კოსმეტიკის ჩანთა

столица

ტაბურეტი

вага

სასწორი

огртач

სააბაზანო ხალათი

рукавице за чишћење

რეზინის ხელთათმანები

тампон

ტამპონი

уложак

სანიტარული პირსახოცი

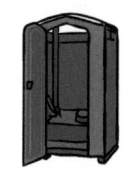

хемијски тоалет

ბიო-ტუალეტი

дечија соба

საბავშვო ოთახი

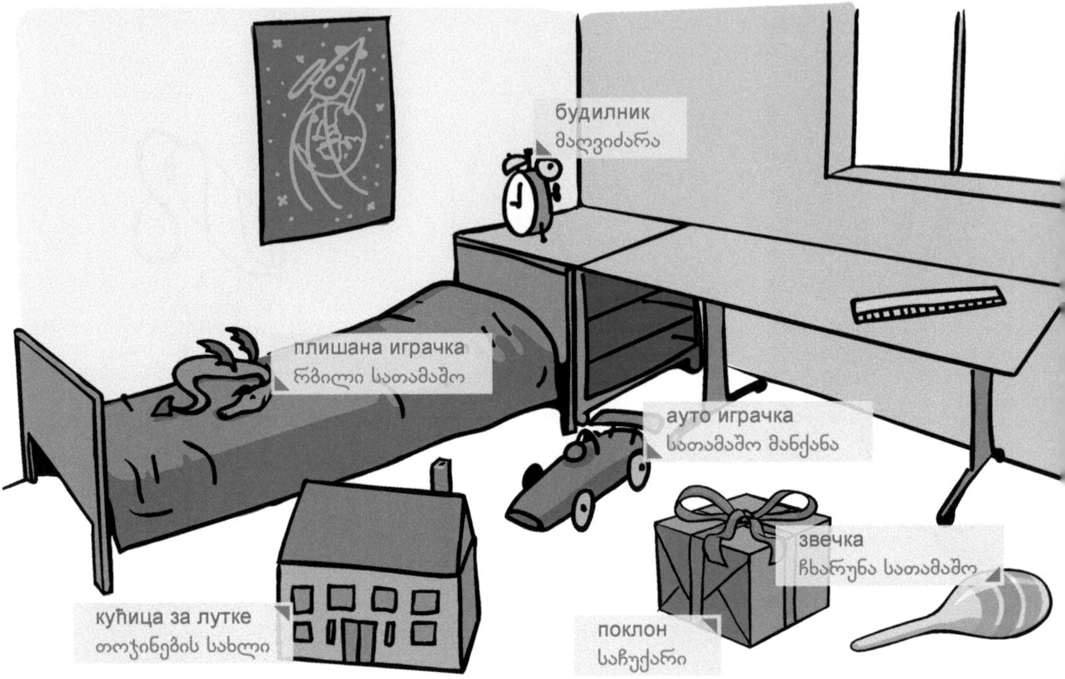

будилник
მაღვიძარა
плишана играчка
რბილი სათამაშო
ауто играчка
სათამაშო მანქანა
звечка
ჩხარუნა სათამაშო
кућица за лутке
თოჯინების სახლი
поклон
საჩუქარი

балон

გუშტი

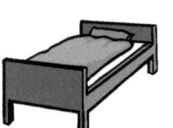

кревет

ლოგინი

дјечија колица

საბავშვო ეტლი

игра са картама

კარტის თამაში

слагалица

პაზლი

стрип

კომიკსი

лего коцкице

ლეგოს აგურები

коцкице за слагање

ასაშენებელი კუბიკები

акциони јунак

სათამაშო ფიგურა

бенкица за бебе

საცოცავი

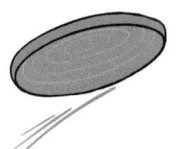

фризби

ფრისბი

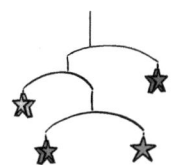

висеће играчке

მობილე

друштвене игре

სამაგიდო თამაში

коцка

კამათელი

минијатурна железница

რკინიგზის მოდელი

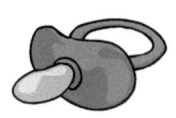

дуда

საწოვარა

забава

წვეულება

сликовница

წიგნი ნახატებით

лопта

ბურთი

лутка

თოჯინა

играти

თამაში

пешчаник

საქვიშარი

љуљачка

საქანელა

играчка

სათამაშოები

конзола за игре

ვიდეო თამაშის კონსოლი

трицикл

სამთვლიანი ველოსიპედი

теди

დათუნია

ормар

გარდეროში

одећа
ტანსაცმელი

кратке чарапе

წინდები

чарапе

ჩულქები

хулахопке

კოლგოტები

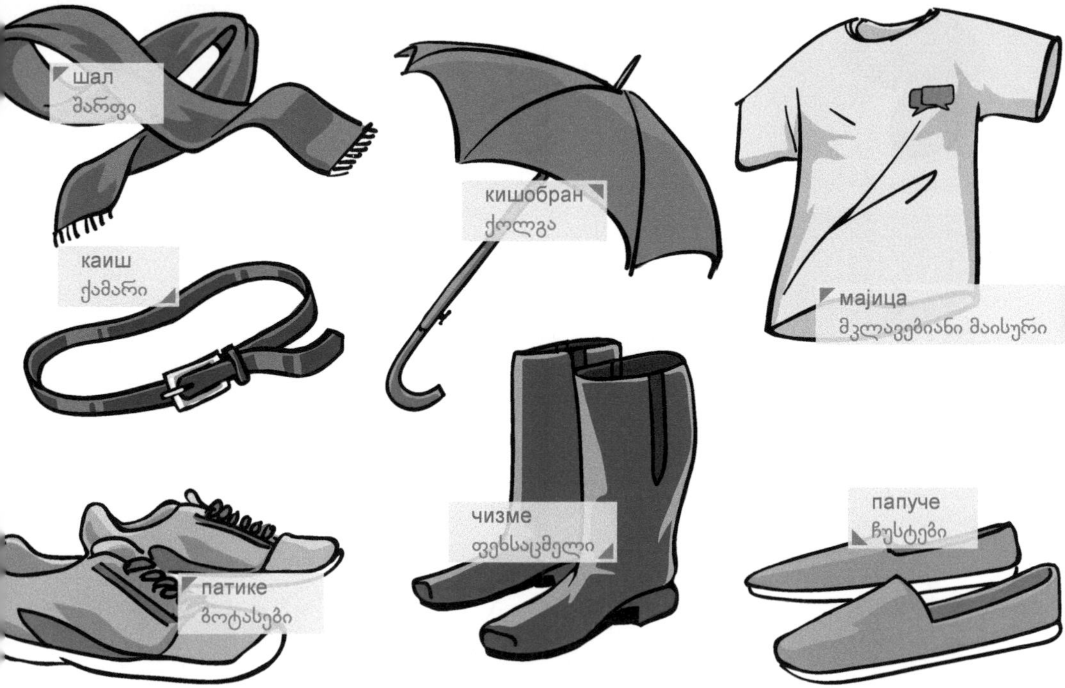

шал
შარფი
кишобран
ქოლგა
каиш
ქამარი
мајица
მკლავებიანი მაისური
папуче
ჩუსტები
чизме
ფეხსაცმელი
патике
ბოტასები

сандале

სანდლები

ципеле

ფეხსაცმელი

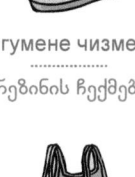

гумене чизме

რეზინის ჩექმები

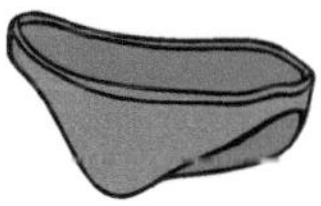

гаћице

ტრუსები

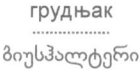

грудњак

ბიუსჰალტერი

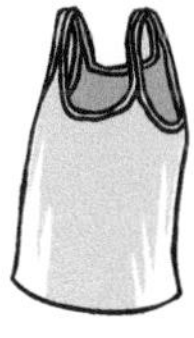

поткошуља

მაისური

боди

სხეული

панталоне

შარვალი

фармерке

ჯინსი

сукња

ქვედაკაბა

блуза

ბლუზი

кошуља

პერანგი

џемпер

სვიტრი

џемпер с капуљачом

კაპიუშონიანი ჟაკეტი

сако

სპორტული ქურთუკი

јакна

ჟაკეტი

мантил

პალტო

кабаница

საწვიმარი

костим

კოსტუმი

хаљина

კაბა

венчаница

საქორწილო კაბა

одело

კაცის კოსტიუმი

спаваћица

ღამის პერანგი

пиџама

პიჟამოები

сари

სარი

марама за главу

თავშალი

турбан

ტურბანი

бурка

ჩადრი

кафтан

ხიფთანი

абаја

აბაია

купаћи костим

საცურაო კოსტუმი

купаће гаћице

ჩემოდნები

кратке панталоне

შორტები

одећа за тренинг

სპორტული კოსტიუმი

кецеља

წინსაფარი

рукавице

ხელთათმანები

дугме

ღილი

наочаре

სათვალეები

наруквица

სამაჯური

огрлица

ყელსაბამი

прстен

ბეჭედი

наушница

საყურე

капа

კეპი

вешалица

საკიდი

шешир

ქუდი

кравата

ჰალსტუხი

патент затварач

ელვა-შესაკრავის შეკვრა

кацига

ჩაფხუტი

нараменице

აჭიმი

школска униформа

სკოლის ფორმა

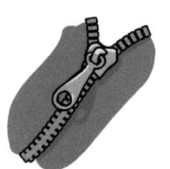

униформа

ფორმა

подбрадак

ბავშვის წინსაფარი

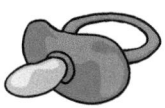

дуда

საწოვარა

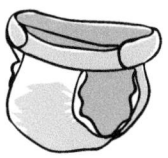

пелена

პამპერსი

канцеларија

ოფისი

сервер
სერვერი
ормар за списе
საკანცელარიო კარადა
папир
ქაღალდი
штампач
პრინტერი
монитор
მონიტორი
миш
თაგვი
писаћи стол
მაგიდა
мапа
საქაღალდე
тастатура
კლავიატურა
ара за папир
ნარჩენი ქაღალდებისათვის
компјутер
კომპიუტერი
столица
სკამი

шалица за каву

ყავის ფინჯანი

калкулатор

კალკულატორი

интернет

ინტერნეტი

лаптоп

ლეპტოპი

писмо

წერილი

порука

მესიჯი

мобилни телефон

მობილური ტელეფონი

мрежа

ქსელი

уређај за копирање

სკანერი

софтвер

პროგრამული
უზრუნველყოფა

телефон

ტელეფონი

утичница

როზეტი

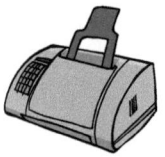

факс

ფაქსის მანქანა

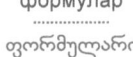
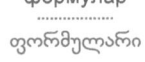

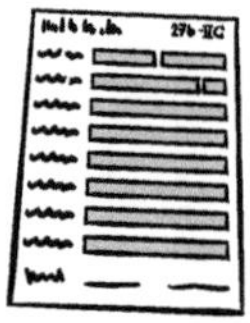

формулар

ფორმულარი

документ

დოკუმენტი

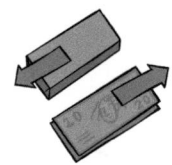

економија
ეკონომიკა

куповати

ყიდვა

платити

გადახდა

трговати

ვაჭრობა

новац

ფული

долар

დოლარი

евро

ევრო

јен

იენი

рубља

რუბლი

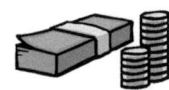

швајцарски франак

შვეიცარული ფრანკი

ренминдби јуан

ჟენმინბი იუანი

рупија

რუპი

аутомат за новац

ბანკომატი

мењачница

ვალუტის გადაცვლის პუნქტი

злато

ოქრო

сребро

ვერცხლი

нафта

ნავთობი

енергија

ენერგია

цена

ფასი

уговор

ხელშეკრულება

порез

გადასახადი

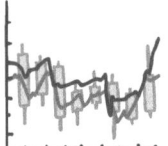

деонице

აქცია

радити

მუშაობა

службеник

თანამშრომელი

послодавац

დამსაქმებელი

фабрика

ქარხანა

продавница

მაღაზია

занимања
პროფესიები

полицајац
პოლიციის ოფიცერი
ватрогасац
მეხანძრე
кувар
მზარეული
лекар
ექიმი
пилот
მფრინავი

вртлар

მებაღე

столар

დურგალი

кројачица

თეთრეულის მკერავი ქალბატონი

судија

მოსამართლე

хемичар

ქიმიკოსი

глумац

მსახიობი

возач аутобуса

ავტობუსის მძღოლი

возач таксија

ტაქსის მძღოლი

рибар

მეთევზე

чистачица

დამლაგებელი ქალბატონი

кровопокривач

სახურავის ოსტატი

конобар

მიმტანი

ловац

მონადირე

сликар

ფერმწერი

пекар

მცხობელი

електричар

ელექტრიკოსი

грађевински радник

მშენებელი

инжењер

ინჟინერი

месар

ყასაბი

лимар

სანტექნიკოსი

поштар

ფოსტალიონი

војник

ჯარისკაცი

архитекта

არქიტექტორი

благајник

მოლარე

цвећар

ფლორისტი

фризер

პარიკმახერი

кондуктер

კონდუქტორი

механичар

მექანიკოსი

капетан

კაპიტანი

зубар

სტომატოლოგი

научник

მეცნიერი

раби

რაბინი

имам

იმამი

монах

ბერი

свећеник

სასულიერო პირი

алати

იარაღები

чекић
ჩაქუჩი
клешта
ბრტყელტუჩა
одвијач
სახრახნისი
кључ за завртње
ქანჩის გასაღები
џепна лампа
ჯიბის სანათი

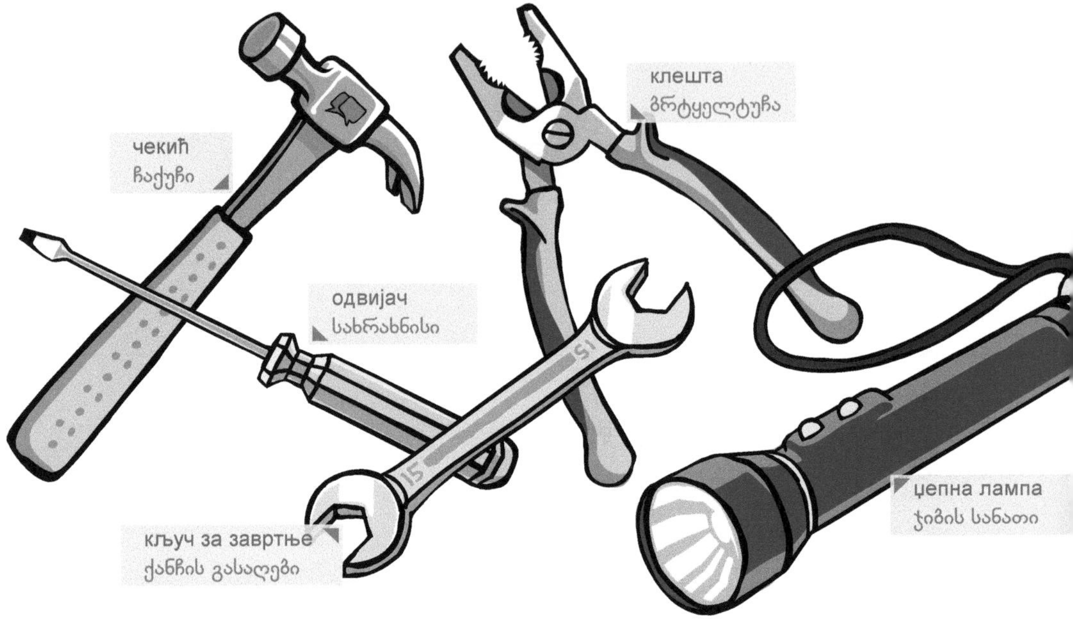

багер

ექსკავატორი

кутија за алат

იარაღების ყუთი

мердевине

კიბე

пила

ხერხი

ексер

ლურსმები

бушилица

საბურღი

поправити

შეკეთება

лопата

ნიჩაბი

до ђавола!

ანდაბა!

лопатица

აქანდაზი

лонац за боју

საღებავის ქოთანი

завртањи

ხრახნები

музички инструмент
მუსიკალური ინსტრუმენტები

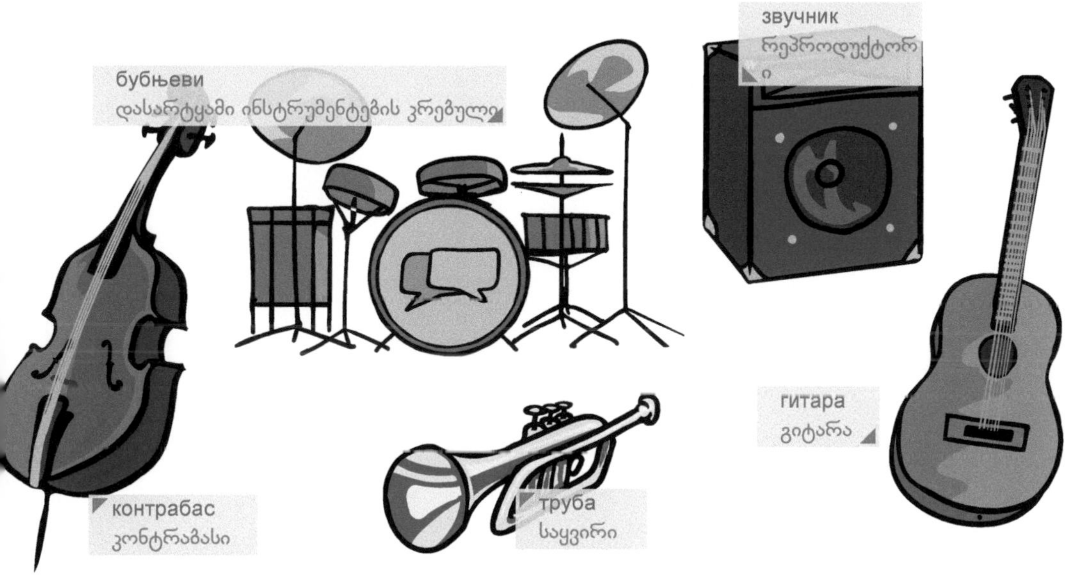

звучник
რეპროდუქტორ
ი
бубњеви
დასარტყამი ინსტრუმენტების კრებული
гитара
გიტარა
контрабас
კონტრაბასი
труба
საყვირი

клавир

ფორტეპიანო

виолина

ვიოლინო

бас

ბასი

тимпани

ტიმპანონი

удараљке за бубњеве

დასარტყამები

типке клавира

კლავიშები

саксофон

საქსოფონი

флаута

ფლეიტა

микрофон

მიკროფონი

зоолошки врт
ზოოპარკი

улаз
შესასვლელი
тигар
ვეფხვი
кавез
გალია
зебра
ზებრა
храна за животиње
ცხოველთა საკვები
панда
პანდა

животиње

ცხოველები

слон

სპილო

кенгур

კენგურუ

носорог

მარტორქა

горила

გორილა

медвед

დათვი

камила

აქლემი

ној

სირაქლემა

лав

ლომი

мајмун

მაიმუნი

фламинго

ფლამინგო

папагај

თუთიყუში

поларни медвед

პოლარული დათვი

пингвин

პინგვინი

ајкула

ზვიგენი

паун

ფარშევანგი

змија

გველი

крокодил

ნიანგი

чувар у зоолошком врту

ზოოპარკის მფლობელი

туљан

სელაპი

јагуар

იაგუარი

понии

პონი

леопард

ლეოპარდი

нилски коњ

ბეჰემოტი

жирафа

ჟირაფი

орао

არწივი

дивља свиња

ტახი

риба

თევზი

корњача

კუ

морж

მორჟი

лисица

მელა

газела

გაზელი

амерички ногомет
ამერიკული ფეხბურთი

бициклизам
ველოსპორტი

тенис
ჩოგბურთი

кошарка
კალათბურთი

пливање
ცურვა

бокс
კრივი

хокеј на леду
ყინულის ჰოკეი

фудбал
ფეხბურთი

бадминтон
ბადმინტონი

атлетика
მძლეოსნობა

рукомет
ხელბურთი

скијање
სათხილამურო სპორტი

поло
წყლის პოლო

скочити
გადახტომა
загрлити
ჩახუტება
смејати се
დაცინვა
ићи
სეირნობა
певати
სიმღერა
сањати
ოცნებობა
молити се
ლოცვა
пољубити
კოცნა

писати

წერა

цртати

დახატვა

показати

ჩვენება

гурати

დაჭერა

дати

მიცემა

узети

აღება

имати

ქონა

чинити

კეთება

бити

ყოფნა

стојати

დგომა

трчати

გარბენა

повлачити

მოქაჩვა

бацити

გადაყრა

падати

დაცემა

лежати

ტყუილის თქმა

чекати

მოცდენა

носити

ტარება

седити

ჯდომა

облачити

ჩაცმა

спавати

ძილი

пробудити се

გაღვიძება

гледати

დათვალიერება

плакати

ტირილი

миловати

გაუთოება

чешљати

დავარცხნა

говорити

ლაპარაკი

разумети

გაგება

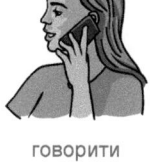

питати

შეკითხვა

слушати

მოსმენა

пити

დალევა

јести

ჭამა

поспремити

დალაგება

волети

ყვარება

кухати

კერძების მზადება

возити

სვლა

летети

ფრენა

пловити

აფრის ქვეშ სიარული

рачунати

გამოთვლა

читати

წაკითხვა

учити

შესწავლა

радити

მუშაობა

венчати се

ქორწინება

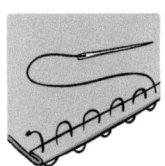

шити

კერვა

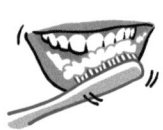

прати зубе

კბილების ხეხვა

убити

მოკვლა

пушити

მოწევა

послати

გაგზავნა

бака
ბებია
деда
ბაბუა
отац
მამა
мајка
დედა
беба
ბავშვი
кћерка
ქალიშვილი
син
ვაჟიშვილი

гост

სტუმარი

тетка

დეიდა

ујак, стриц

ბიძა

брат

ძმა

сестра

და

тело

სხეული

чело
შუბლი
око
თვალი
раме
მხარი
прст
თითი
лице
სახე
брада
ნიკაპი
рука
ხელი
нога
ფეხი
груди
მკერდი
рука
მკლავი

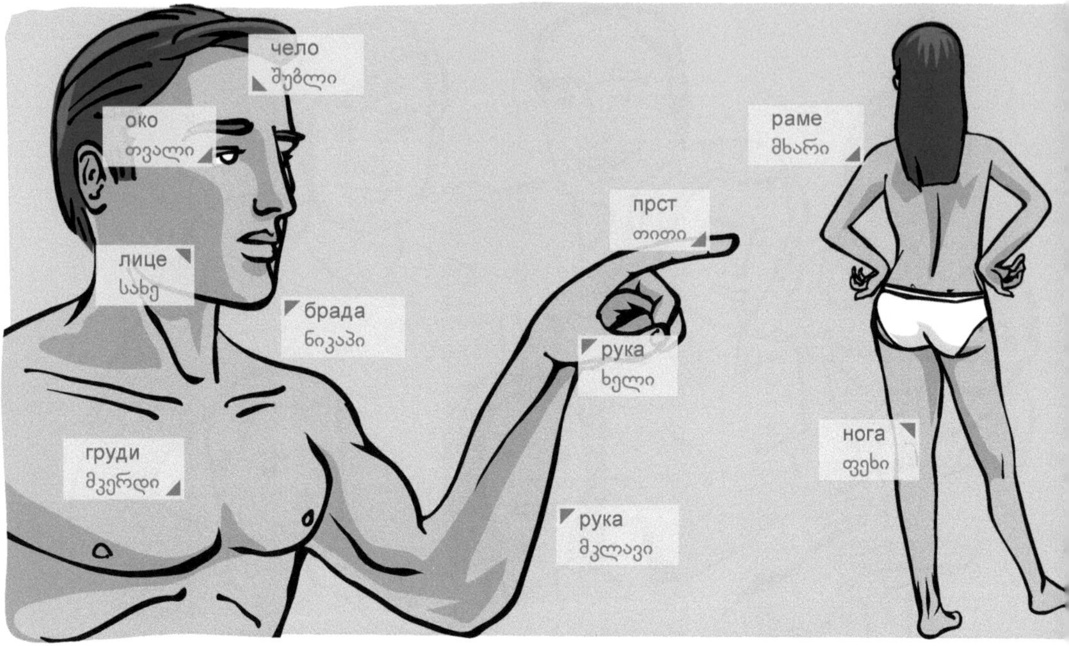

беба

ბავშვი

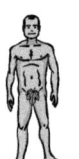

мушкарац

კაცი

жена

ქალი

девојчица

გოგო

дечак

ბიჭი

глава

თავი

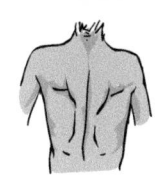

леђа

ზურგი

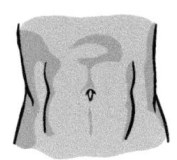

стомак

მუცელი

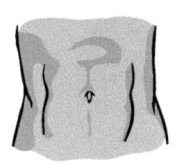

пупак

ჭიპი

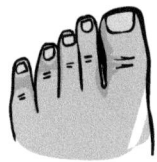

ножни прст

ფეხის თითი

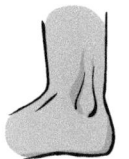

пета

ქუსლი

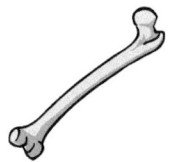

кост

ძვალი

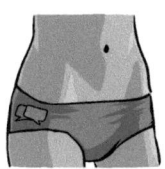

кукови

ბარძაყი

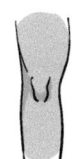

колено

მუხლი

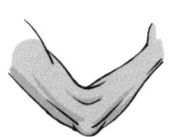

лакат

იდაყვი

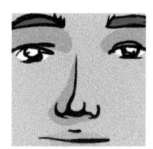

нос

ცხვირი

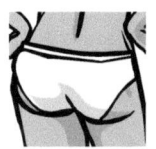

задњица

დუნდულა

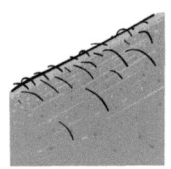

кожа

კანი

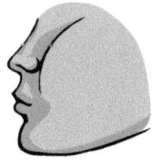

образ

ლოყა

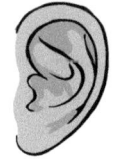

уво

ყური

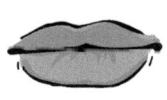

усна

ტუჩი

уста

პირი

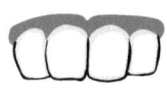

зуб

კბილი

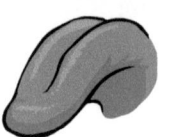

језик

ენა

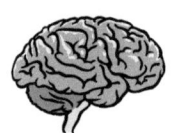

мозак

ტვინი

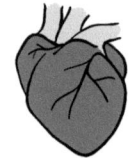

срце

გული

мишић

კუნთი

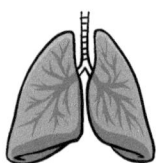

плућа

ფილტვი

јетра

ღვიძლი

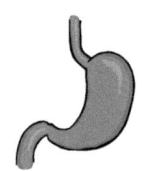

желудац

კუჭი

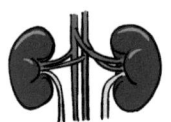

бубрези

თირკმელები

полни однос

სექსი

кондом

პრეზერვატივი

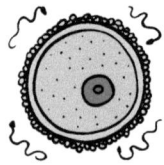

јајна ћелија

კვერცხუჯრედი

сперма

სპერმა

трудноћа

ორსულობა

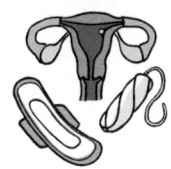

менструација

მენსტრუაცია

вагина

საშო

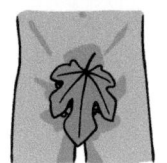

пенис

პენისი

обрва

წარბი

коса

თმა

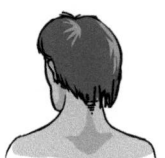

врат

კისერი

болница

საავადმყოფო

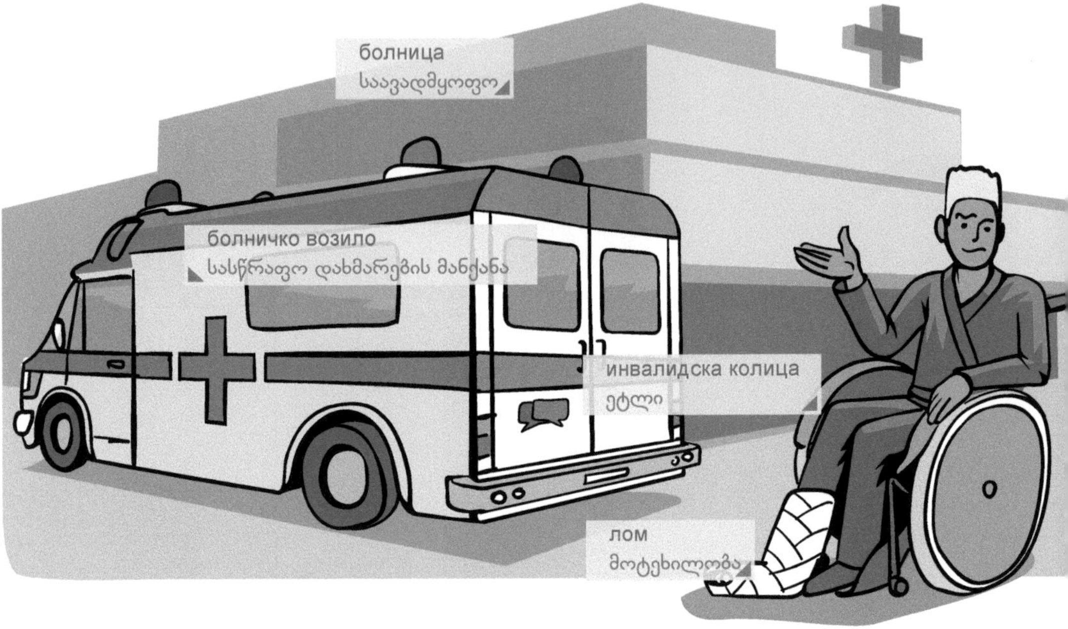

болница
საავადმყოფო
болничко возило
სასწრაფო დახმარების მანქანა
инвалидска колица
ეტლი
лом
მოტეხილობა

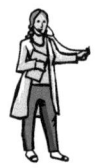

лекар

ექიმი

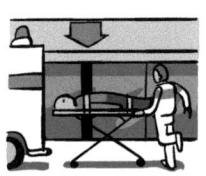

хитна медицинска служба

პირველი დახმარების ოთახი

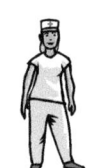

медицинска сестра

მედდა

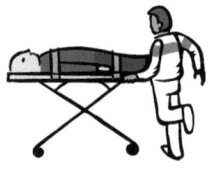

хитни случај

გადაუდებელი შემთხვევა

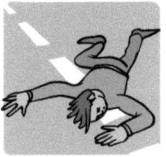

несвест

უგონოდ მყოფი

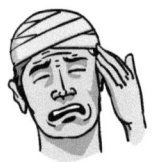

бол

ტკივილი

повреда

დაზიანება

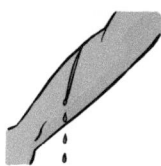

крварење

სისხლდენა

срчани удар

გულის შეტევა

удар

ინსულტი

алергија

ალერგია

кашаљ

ხველა

грозница

ცხელება

грипа

გრიპი

пролив

დიარეა

главобоља

თავის ტკივილი

рак

კიბო

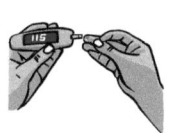

дијабетес

დიაბეტი

хирург

ქირურგი

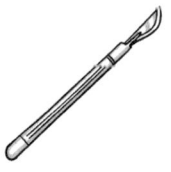

скалпел

სკალპელი

операција

ოპერაცია

цт

კტ

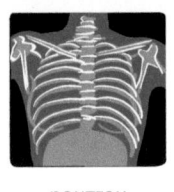

рентген

რენტგენი

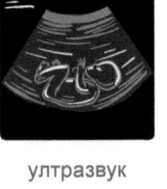

ултразвук

ულტრაბგერა

маска

ნიღაბი

болест

დაავადება

чекаона

მოსაცდელი ოთახი

штака

ყავარჯენი

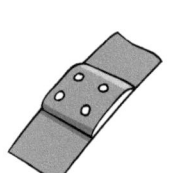

фластер

თაბაშირი

завој

ბინტი

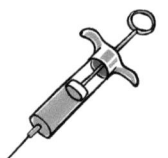

ињекција

ინექცია

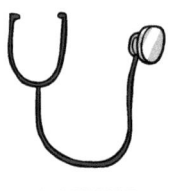

стетоскоп

სტეტოსკოპი

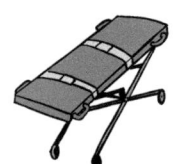

носила

საკაცე

термометар

თერმომეტრი

рођење

დაბადება

прекомерна тежина

ჭარბი წონა

слушни апарат

სმენის აპარატი

средство за дезинфекцију

სადეზინფექციო საშუალება

инфекција

ინფექცია

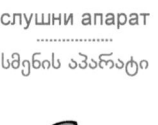

вирус

ვირუსი

хив / аидс

აივ / შიდსი

медицина

წამალი

вакцинација

ვაქცინაცია

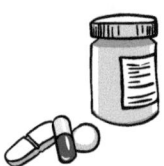

таблете

ტაბლეტები

пилула

აბი

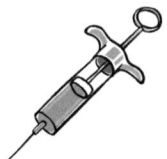

хитни позив

გადაუდებელი გამოძახება

уређај за мерење притиска

წნევის საზომი აპარატი

болесно / здраво

ავადმყოფი / ჯანმრთელი

хитни случај

გადაუდებელი შემთხვევა

помоћ!

დამეხმარეთ!

аларм

განგაში

насртај

თავდასხმა

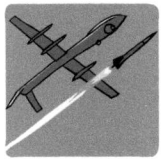

напад

შეტევა

опасност

საფრთხე

излаз у случају нужде

სათადარიგო გასასვლელი

пожар!

ხანძარი!

противпожарни апарат

ცეცხლსაქრობი

незгоца

უბედური შემთხვევა

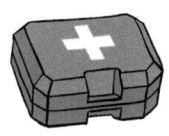

кутија прве помоћи

პირველადი დახმარების აფთიაქი

сос

SOS

полиција

პოლიცია

Европа

ევროპა

Северна Америка

ჩრდილოეთ ამერიკა

Јужна Америка

სამხრეთ ამერიკა

Африка

აფრიკა

Азија

აზია

Аустралија

ავსტრალია

Атлантик

ატლანტიკა

Пацифик

წყნარი ოკეანე

Индијски океан

ინდოეთის ოკეანე

Антарктички океан

ანტარქტიკის ოკეანე

Арктички океан

ჩრდილოეთის ყინულოვანი ოკეანე

Северни пол

ჩრდილოეთ პოლუსი

Јужни рол

სამხრეთ პოლუსი

Антарктик

ანტარქტიდა

земља

დედამიწა

земља

ხმელეთი

море

ზღვა

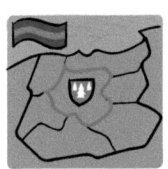

оток

კუნძული

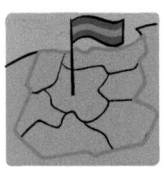

нација

ერი

држава

სახელმწიფო

сат
საათი

бројчаник сата

ციფერბლატი

сатна казаљка

საათების ისარი

минутна казаљка

წუთების ისარი

секундна казаљка

წამების ისარი

Колико је сати?

რომელი საათია?

дан

დღე

време

დრო

сада

ახლა

дигитални сат

ციფრული საათი

минута

წუთი

час

საათი

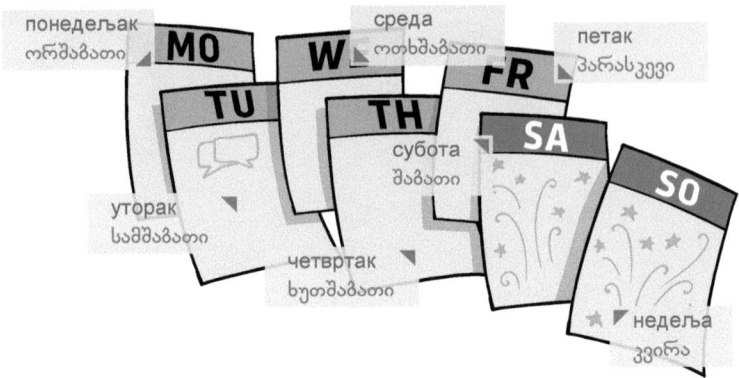

понедељак
ორშაბათი

MO

среда
ოთხშაბათი

W

петак
პარასკევი

FR

TU

TH

субота
შაბათი

SA

уторак
სამშაბათი

SO

четвртак
ხუთშაბათი

недеља
კვირა

jуче

გუშინ

данас

დღეს

сутра

ხვალ

jутро

დილა

подне

შუადღე

вече

საღამო

MO	TU	WE	TH	FR	SA	SU
1	2	3	4	5	6	7
8	9	10	11	12	13	14
15	16	17	18	19	20	21
22	23	24	25	26	27	28
29	30	31	1	2	3	4

радни дани

სამუშაო დღეები

MO	TU	WE	TH	FR	SA	SU
1	2	3	4	5	6	7
8	9	10	11	12	13	14
15	16	17	18	19	20	21
22	23	24	25	26	27	28
29	30	31	1	2	3	4

викенд

შაბათი-კვირა

година

წელი

киша
წვიმა
дуга
ცისარტყელა
ветар
ქარი
снег
თოვლი
пролеће
გაზაფხული
лето
ზაფხული
јесен
შემოდგომა
зима
ზამთარი

4.APRIL 11°
5.APRIL 4°
6.APRIL 13°
7.APRIL 8°
8.APRIL 10°

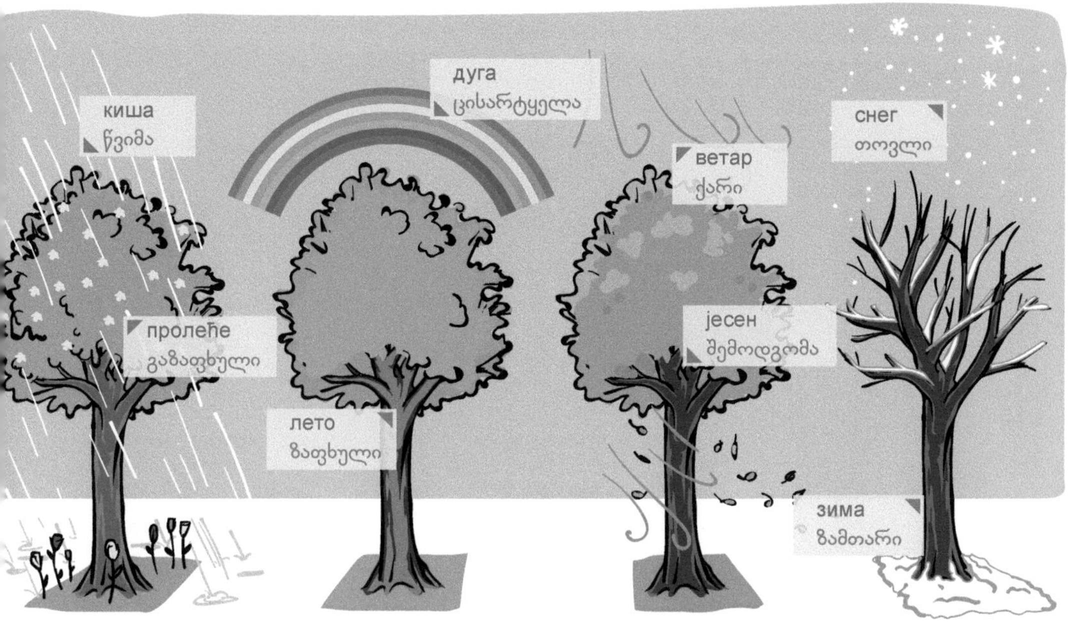

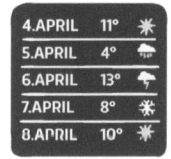

метеоролошка прогноза

ამინდის პროგნოზი

F C
120 40
90 30
60 20
30 10
0 0
-30 -10
-20

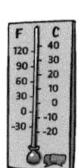

термометар

თერმომეტრი

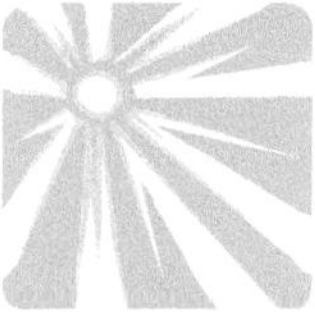

сунчана светлост

მზის სხივი

облак

ღრუბელი

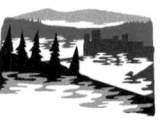

магла

ნისლი

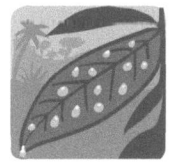

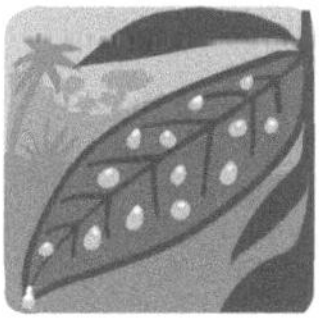

влажност ваздуха

ტენიანობა

мућа

ელვა

грмљавина

ქუხილი

олуја

შტორმი

туча

სეტყვა

монсун

მუსონი

поплава

წყალდიდობა

лед

ყინული

јануар

იანვარი

фебруар

თებერვალი

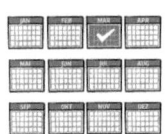

март

მარტი

април

აპრილი

мај

მაისი

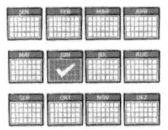

јуни

ივნისი

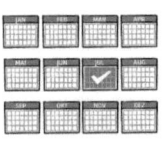

јули

ივლისი

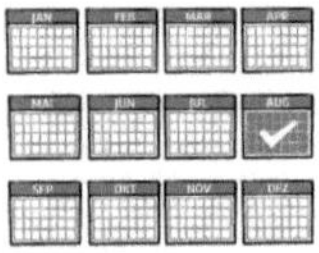

август

აგვისტო

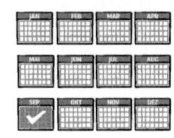

септембар

სექტემბერი

октобар

ოქტომბერი

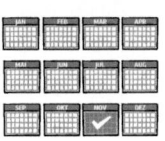

новембар

ნოემბერი

децембар

დეკემბერი

облици

ფორმები

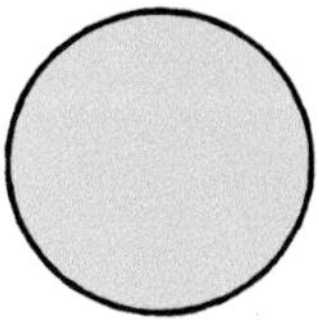

круг

წრე

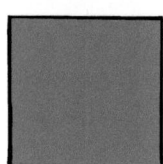

квадрат

კვადრატი

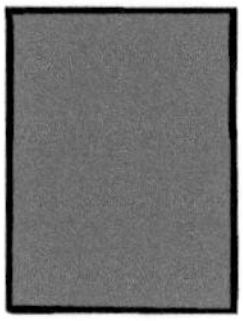

правоугао

მართკუთხედი

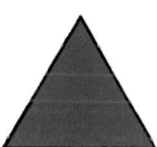

троугао

სამკუთხედი

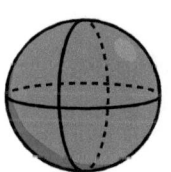

кугла

სფერო

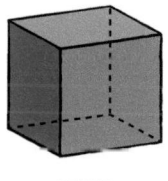

коцка

კუბი

боје

ფერები

бела

თეთრი

жута

ყვითელი

наранџаста

ნარინჯისფერი

ружичаста

ვარდისფერი

црвена

წითელი

љубичаста

იისფერი

плава

ცისფერი

зелена

მწვანე

смеђа

ყავისფერი

сива

ნაცრისფერი

црна

შავი

супротности
საპირისპიროები

много / мало

ბევრი / ცოტა

љутито / мирно

გაბრაზებული / მშვიდი

лепо / ружно

ლამაზი / მახინჯი

почетак / крај

დასაწყისი / დასასრული

велико / малено

დიდი / პატარა

светло / тамно

ნათელი / მუქი

брат / сестра

ძმა / და

чисто / прљаво

სუფთა / ჭუჭყიანი

потпуно / непотпуно

სრული / არასრული

дан / ноћ

დღე / ღამე

мртво / живо

მკვდარი / ცოცხალი

широко / уско

განიერი / ვიწრო

јестиво / нејестиво

საჭმელად ვარგისი / საჭმელად უვარგისი

зло / добро

ბოროტი / კეთილი

узбуђено / досадно

შთამბეჭდავი / მოსაწყენი

дебело / мршаво

სქელი / თხელი

на почетку / на крају

პირველი / ბოლო

пријатељ / непријатељ

მეგობარი / მტერი

пуно / празно

სრული / ცარიელი

тврдо / мекано

მყარი / რბილი

тешко / лагано

მძიმე / მსუბუქი

глад / жеђ

მოშიებული / მწყურვალე

болесно / здраво

ავადმყოფი / ჯანმრთელი

илегално / легално

არალეგალური / ლეგალური

паметно / глупо

ინტელექტუალი / სულელი

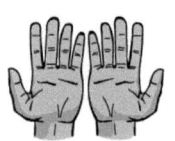

лево / десно

მარცხენა / მარჯვენა

близу / далеко

ახლოს / შორს

ново / половно

ახალი / გამოყენებული

ништа / нешто

არაფერი / რაღაცა

старо / младо

მოხუცი / ახალგაზრდა

укључено / искључено

ჩართვა / გამორთვა

отворено / затворено

ღია / დახურული

тихо / гласно

ჩუმი / ხმამაღალი

богато / сиромашно

მდიდარი / ღარიბი

тачно / погрешно

მართალი / მტყუანი

храпаво / глатко

უხეში / გლუვი

тужно / сретно

სევდიანი / ბედნიერი

кратко / дуго

მოკლე / გრძელი

полако / брзо

ნელი / სწრაფი

мокро / сухо

სველი / მშრალი

топло / хладно

თბილი / გრილი

рат / мир

ომი / მშვიდობა

бројеви
რიცხვები

0

нула

ნული

1

један

ერთი

2

два

ორი

3

три

სამი

4

четири

ოთხი

5

пет

ხუთი

6

шест

ექვსი

7

седам

შვიდი

8

осам

რვა

9

девет

ცხრა

10

десет

ათი

11

једанаест

თერთმეტი

12

дванаест

თორმეტი

13

тринаест

ცამეტი

14

четрнаест

თოთხმეტი

15

петнаест

თხუთმეტი

16

шестнаест

თექვსმეტი

17

седамнаест

ჩვიდმეტი

18

осамнаест

თვრამეტი

19

деветнаест

ცხრამეტი

20

двадесет

ოცი

100

стотину

ასი

1.000

хиљаду

ათასი

1.000.000

милион

მილიონი

језици

ენები

енглески

ინგლისური

амерички енглески

ამერიკული ინგლისური

мандарински кинески

ჩინური მანდარინი

хиндски

ჰინდი

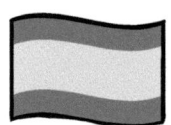

шпански

ესპანური

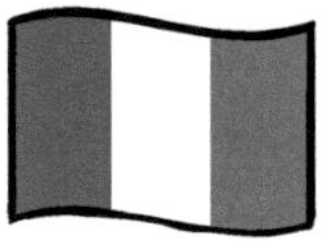

француски

ფრანგული

арапски

არაბული

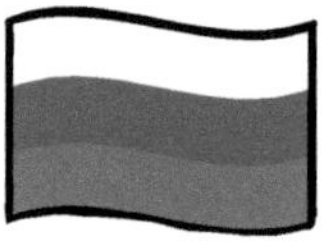

руски

რუსული

португалски

პორტუგალიური

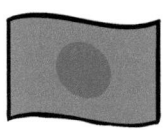

бенгалски

ბენგალური

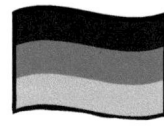

немачки

გერმანული

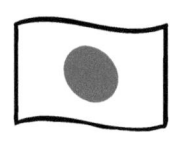

јапански

იაპონური

ко / шта / како

ვინ / რა / როგორ

ја

მე

ти

შენ

он / она / оно

ის / ის / იგი

ми

ჩვენ

ви

თქვენ

они

ისინი

Ко?

ვინ?

Шта?

რა?

Како?

როგორ?

Где?

სად?

Када?

როდის?

име

სახელი

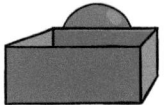

где
სად

иза

უკან

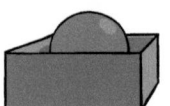

у

შიგნით

испред

წინ

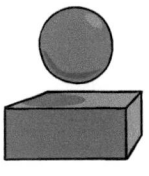

преко

ზედ

на

=-ზე

испод

ქვეშ

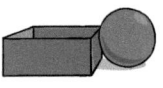

поред

გვერდით

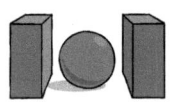

између

შორის

место

ადგილი